北大路 BOOKLET 02

笹倉 剛 編著

北畑 博子・蔵元 和子
曲里 由喜子・山花 郁子 著

学校でのブックトーク

いつでも、
どこでも、
だれでもできる

北大路書房

はじめに

最近、教育に関する話題がマスコミでいろいろと取り上げられています。ある意味で、教育が大きな変革期にさしかかっているといえるでしょう。子どもたちのいじめ・自殺・暴力等の深刻な問題に関しても、なかなか最善の策が見あたらないのが現状です。子どもたちの内面で、いったい何が起きているのでしょうか。また、思春期の多感な時代を生きる子どもたちにとって、今の社会はどのように映っているのでしょうか。残念ながら、排他的で将来に夢がもてないような状態の子どもが多いのではないかと推測されます。

しかし、私たち大人はいつの時代でも、子どもたちには夢のある素晴らしい世界と出会ってほしいと願っています。そのもっとも典型的で身近なものが、レイチェル・カーソンが述べている「豊かで美しい自然」であり、もう一つは過去の偉大な人々が遺してくれた「書物」であると考えます。子どもとそのような本との出会いを演出するのは、子どもの身近にいる大人の使命なのです。

書物の中には、心をふるわせるような感動、今までの価値観が覆るような真理、生き方の道しるべとなるような示唆などが、宝石のように散りばめられています。しかし残念なことにそのような世界をまったく知らずに通りすぎていく子どもも多くいる実態を見過ごしてはいけないと思います。

本書では、子どもと本をつなぐ読書技法の一つとしてブックトークを取り上げ、その方法や進め方について述べています。ブックトークでは、数冊の本を同時に紹介することができます。そのブックトークをなんとか学校に根づかせたいという意図から本書が紡ぎ出されました。

子どもたちが毎日通っている学校でブックトークが実践されれば、子どもたちと本をつなぐ機会と出会いは無限に広がっていくでしょう。従来、図書館員やブックトークの専門家だけが実践していたブックトークが、学校現場で実施されることによって、子どもたちの学習が大きく広がっていくだけでなく、子どもの身近にいる先生がブックトークをすることで、本との出会いが広がっていくと信じています。本書のブックトークの意義や進め方を参考にしていただき、教科学習、道徳、総合的な学習など、さまざまな場でのブックトークの実践に生かしていただきたいと思います。

本来ブックトークとは、テーマを決めて関連する本を数冊用意し、順番に紹介していく読書技法です。最近、学校でブックトークを実践される先生も徐々に増えてきましたが、紹介者の主観を押しつけている場合も少なくありません。客観的に本の内容・魅力を伝えるようなブックトークをするには、やはり実践の積み重ねと研修が欠かせないことは言うまでもありません。やはりブックトークの基礎・基本をしっかりと身につけたうえで、子どもと本をつなぐためのブックトークを行なうべきであると考えます。

たとえば国語の授業で宮沢賢治の教材を学習するとき、賢治の他の作品も子どもたちに読んでほしいと願っている先生は多いと思いますが、そのような時にブックトークで賢治の本を順番に紹介していけば、子どもはより興味をいだき、すぐにでも本を手に取ることでしょう。賢治の作品には、ファンタジーや詩の魅力に加えて、天体・地学・農業などのさまざまな知識が豊富に盛り込まれています。それだけではなく、文章表現や表記の素晴らしさに感動する子どもも多くいます。いったん、子どもたちの心に本の楽しさの灯をつければ、読書の世界が広がっていきます。つまり、その年齢で読みこなせるような賢治の作品をブックトークで紹介すれば、いつのまにか子どもたち自身が銀河鉄道のような、異次元の世界に飛び立っているかもしれないのです。子どもたちとそのような世界をつなげる人は本当に素晴らしいと思います。子どもたちの読後の充実した顔から、本を紹介した者は至福の時を味わえるのです。実際にブックトークを実践すれば、子どもたちが本の世界に強く興味をいだくことが理解できます。さらに、紹介する本は、ファンタジー、ノンフィクション、詩・ことばあそび、図鑑、絵本などさまざまな種類の本を織り交ぜることができます。その中から子どもたちは自分の興味のある本を手に取り、読んでいくことができるのです。

　私は今までの人生で、素晴らしい本を紹介してくれた先生や人は、けっして忘れたことがありません。それだけに素晴らしい本と子どもをつなぐ活動は、意義深く価値が高いといえます。子どもたちの日常に、このような世界が数多く実現するように、今後、学校の中でもブックトークが盛んに実践されることを願っています。また、このたびは幸いなことに日本屈指のブックメーカーである四名の先生方に、多忙を極める中、ご執筆いただけましたことに厚く御礼申し上げたいと思います。

二〇〇七年　七月

編者　笹倉　剛

もくじ

第1章 学校におけるブックトークの意義と実践

笹倉 剛

1 ブックトークとは

(1) ブックトークの出発点

ブックトークは、アメリカの図書館における児童サービスの一つとして発展したものです。ブックトークということばについては、１９３０年、アメリカの『児童に対する図書館奉仕』という本の中に「talk about books」という用語があり、その20ページ後でbooks talkという表現が初めて用いられました。さらに、１９４３年『公共図書館における児童奉仕』（アメリカ図書館協議会）という本にブックトークという項が設けられています。その本の中で、「児童図書館員としてその地域で児童文学の権威として認められるためには、大人に対して児童文学についてのブックトークができなくてはならない」と記述されています。その後、１９５０年代に、ブックトークはストーリーテリングとほぼ同時期に日本に入ってきたといわれています。日本の図書館では、ストーリーテリングが児童室のお話の部屋などで継続的に実施されてきたのに対して、ブックトークはそれほど普及しなかったのが実態です。

ブックトークがアメリカの図書館で始まった背景には、図書館で購入した本がまったく読者の目にふれられず、貸出もないままの状態にある事実に着目した図書館員が、本と読者をなんとか結びつけたいというねらいが発端でした。その活動が、児童書と子どもたちを結ぶために、図書館における児童サービスと結びついていったのです。

(2) 日本の学校図書館におけるブックトーク

日本の学校図書館におけるブックトークは、先進的な取り組みをしてきた岡山県学校図書館問題研究会が『ブックトーク入門』(教育史料出版会、１９８６)を、引き続き全国学校図書館協議会が『ブックトーク―理論と実践』(１９９０)を出版したのを皮切りに、少しずつ広まっていきました。しかし、それは学校図書館活動が活発な一部の地域と学校のみにとどまっていたのが現状です。それよりも、図書館員が学校に赴き、ときどき児童書のブックトークを実施していた学校のほうが多いのが実態でした。学校現場では、ブックトークは図書館員などの専門的な活動であると考えられ、実践する教師が少なかったのですが、平成9年の司書教諭の法制化に伴い、にわかに学校図書館活動の一つとしてブックトークがクローズアップされるようになってきました。しかし残念ながら、学校現場では専門的な資質を身につけてブックトークを実践する教師が少なく、なかなか広まっていかない状況がありました。このような経緯から、学校現場で「いつでも、どこでも、だれでも」できるブックトークの実践をめざして本書の出版に至ったのです。

(3) ブックトークの概要

本の紹介には、口頭によるもの、印刷物によるもの、展示によるものなどいろいろな形式がありますが、なかでも口頭で本を紹介することをブックトークといいます。

ブックトークの形態としては、図書館のフロアで一人ひとりの子どもに本を紹介する場合もありますが、一般にはあらかじめテーマを設けて本を集め、複数の子どもを対象に、それらの本を順序よく紹介することを指しています。前者を「インフォーマルなブックトーク」、後者を「フォーマルなブックトーク」とよぶこともあります。

ブックトーク実施上の大切な点は、聞き手に紹介された本を読んでみたいという気を起こさせることです。また、本にはさまざまな種類があることを気づかせ、紹介者の本に対する生き生きとした興味を通して、読書の楽しさを知らせることを目的としています。

2　ブックトークの魅力

ブックトークの魅力を知るには、何よりもブックトークの実践を見学し、子どもたちが紹介された本にどのように反応するかを実際に見ることがよいと思います。図書館員などのブックトーク熟練者の実践を見学することをおすすめします。

本書では、ブックトークの実践に対する子どもたちの反応が随所に記述されています。聞き手である子どもたちが、紹介者のブックトークに引き込まれ、ブックトークが終了した後に、競って本を手にする光景からブックトークの魅力や威力を推察することができます。

私はかつて長崎県雲仙市の読書ボランティア「プーさんの会」でブックトークの講師として何回か研修を重ねてきました。会員の皆さんは、近くの学校からブックトークの実践を依頼されることがあり、子どもたちがブックトークの魅力に引き込まれていくようすを熱く語っておられました（「ブックトーク後の本の紹介風景」、「紹介された本を食い入るように見る先生と子どもたち」、写真参照）。子どもたちがブックトークの後で、先生と一緒になって夢中で本を楽しんでいる姿が印象的です。同

ブックトーク後の本の紹介風景
（雲仙市立小浜小学校）

紹介された本を食い入るように見る先生と子どもたち
（雲仙市立小浜小学校）

じように、尾道市の読書ボランティア「ルピナス・・学校で本を読む会」の8年以上にわたる学校でのブックトークの実践も素晴らしいものです。一般的には、ブックトークは図書館から学校へと浸透していくケースが多いのですが、身近に公共図書館がなかったり、地元の図書館に児童図書の専門職員が少なくブックトークの出前まですするには余裕がなかったりする地域にとっては、読書ボランティアの力が大きいということを実感しました。といっても、学校は教育活動の場ですから、読書ボランティアといえども、ブックトークの基礎・基本をしっかりと身につけ、子どもたちと対峙しながら、質の高いブックトークの実践が望まれるのは言うまでもありません。子どもたちがブックトークの魅力を知るにつけ、自校の学校図書館の蔵書がいかに貧弱かが浮き彫りになってきます。このことは、「調べ学習」でも同じことがいえます。

3　学習活動とブックトーク

(1) 学校図書館の必要性

子どもたちの学びの質を変えていくのが学校図書館であると考えます。今日の学校における学びの質がどのように変遷しているか、またその問題点について考察することにします。

平成元年度の学習指導要領改訂では、自己教育力や情報活用能力の育成にあたって、「調べ学習」が導入されるようになりました。また、平成14年度の学習指導要領改訂では、「総合的な学習の時間」が創設され、探究型学習の必要性が明確になりました。このように、調べ学習や探究型学習を実践していくには、豊富な資料がバックになくてはいけないわけです。その当時の学校図書館法の設置目的にある「教育課程の展開に寄与する」学校図書館とはほど遠いといえるものが多かったのです。そこで、文部省（現文部科学省）は、平成5年に「学校図書館図書標準」を設定し、「学校図書館図書整備新5か年計画」で総額約500億円を地方交付税措置し、蔵書を1・5倍にする充実施策を実施しました。しかし、この標準に達した学校図書館は少なく、平成13年「子ども読書活動の推進にかかる法律」の制定を機に、平成14年から新たな5か年計画によって図書の充実を図ることにしました。また、平成9年度に学校図書館法の改正を行い、50年近く続いた司書教諭をおかないことができる状態から、12学級以上（小学校）の学校には司書教諭が置かれるように法改正がなされました。このように学校図書館をめぐる状況は急激に進展するかに見えたのですが、司書教諭の授業時数が多かったり学級担任であったりするなど、多くの問題を抱える実態が報告されていて、司書教諭が実質的な学校図書館推進の原動力になり得ていない実態が報告されています。さらに、学校図書館には地域によっては専任の学校司書が配置されている学校もありますが、図書館の専門職員が不在の学校が全国的にも多いのが実態です。

「総合的な学習の時間」の導入についても、日本の学校図書館の現状を考えれば、調べ学習などとても対応できないような学校図書館が多い中でスタートしてしまった現実があります。オーストラリアやカナダなど、「総合的な学習」を設けている国も多くありますが、すべての国が蔵書充実したすばらしい学校図書館をもっているのです。カナダやアメリカにおいては、メディアセンター、リソースセンターというような学校図書館の蔵書提供や人材派遣などのしっかりしたサポートまで充実しているのです。日本でも最近、学校図書館支援センターとしての役割を果たしている千葉県・市川市や埼玉県・浦和市などの実践を参考にするところもでてきていますが、全国的な普及としてはまだまだというのが実態です。しかし、学校図書館活動を充実しようという機運が高まってきていることは事実です。このような時期に、学校図書館の蔵書を活用して、ブックトークの実践を実施することにより、子どもの学習意欲や探究学習が深まっていくと思われます。

（2）学習活動にブックトークを

従来、学校における授業では、「1時間ごとの完結型」のパターンが多く見られました。授業には1時間ごとの目標があり、それをどのように達成していくかが大切なのです。しかし、子どもたちが授業で学習したことは、あくまでもその分野のスタートであり、きっかけであるといえるのではないでしょうか。学習したことを児童生徒のそれぞれの興味・関心に応じて学習が発展させていくのが、生涯学習へとつながっていくステップだと思われます。この意味で、短い時間でも、さまざまな授業の中で教科等に関連のある本を紹介することによって、学習はさらに深まっていくのです。ブックトークで紹介された本を貸し出し、自分のペースでじっくりと読みこなしていくという時間があまりないように見受けられます。ブックトークで読みたいという要求を強くもった子どもは、その本のおかげで知的好奇心がさらに増長していくはずです。学校の学習活動の展開がますます深まっていくようなブックトークの実践に向け、本書を活用していただくことを願っています。

（3）ブックトークの心がけ

ブックトークを実施するときに、一般的には言ってはならないことことばとして、「この本はおもしろいよ」「読んでごらん」などがあります。これは、研修などで学んで注意していても、最初のうちは自然に口にしているのが実態です。いくら頭の中で言ってはいけないと思っていても、日常の授業の中でもいつも出てしまうことばなのです。本来、ブックトークは、「この本はおもしろいよ」「読んでごらん」ということばを使わずに本の魅力を伝えることで、子どもたちの読みたいという欲求を起こさせるものだからです。紹介された本がおもしろいか、そうでないかは子どもの判断にゆだねるべきであって、紹介者が押しつけるものではありません。また、本の紹介には、作品の評価は入れず、作品そのものを客観的に紹介することも大切なことです。

最後に、アメリカのニューヨーク公共図書館の児童図書館用マニュアルに、「なすべきことと、してはならぬこと」（Book talk Do's and Don'ts）があるので紹介します。

①なすべきこと

- 周到な準備をすること
- 導入とつなぎ方に、特に心を砕く
- 声に出して練習しておくこと
- ブックトークの時間を計ること
- 紹介する本を再読しておくこと
- ブックトークは、全員に聞こえるように明確に
- 紹介するすべての本を熟知し、親しんでおくこと
- 書名、著者名をはっきり告げること（図書館でない場合、リストを用意する）

②してはならぬこと

・準備を怠ってはいけない
・聞き手の反応に頼らないこと。相手から出た反応は大いに利用する
・不明瞭なことばは使わない（アー、エーなど）
・不必要な身振り手振りはしないこと
・あらすじのみを述べてはいけない（その特徴を表す部分を紹介すること）
・朗読は長すぎないこと
・原稿に頼りすぎてはいけない
・不安にうち負かされないこと

以上の点を考慮しながら、次章からのそれぞれのブックトーカーによる素晴らしい実践を参考にしていただきたいと願っています。ブックトークは、読書につながる活動としても価値ある実践ですが、第5章の北畑博子さんの実践のように、読み聞かせなどがむずかしい科学読み物ではブックトークが威力を発揮するといってもよいでしょう。

ブックトークちょっといい話①

子どもの自発性を引き出すブックトーク

　私はこれまでブックトークの研修をいろいろな場で実践してきました。対象は、学校の先生、小学生、読書ボランティア、図書館関係者などさまざまでした。

　先生対象のブックトーク研修会では、ブックトークの意義や方法を説明した後に実際にテーマを設けて本を選び実践してもらうのですが、ほとんどの先生が、「この本をぜひ読んでください」「この本はおもしろいよ」「このお話が知りたかったら、この本を読もうね」と最後に言われるのです。本来、ブックトークは本の内容を客観的に伝えることが主であって、けっして主観的な感想（「おもしろい」など）を差し挟まないのが原則なのです。にもかかわらず、研修会での実演では、ブックトークの最後に「この本はおもしろいから、ぜひ読んでください」という言葉が出てくるので、「また言ってしまった！」と研修の場が笑いの渦になることがよくありました。日頃の教育的な配慮から、子どもにとってよいものはどうしても読ませたい、読んでほしいという気持ちが言葉に出てしまうのでしょう。

　また、ブックトークではいろいろな資料を見せたり実演したりすることがあります。ある時、「昔の遊び」というテーマで、『びゅんびゅんごまがまわったら』（宮川ひろ・作　林明子・絵　童心社）を紹介すると、子どもたちはびゅんびゅんごまをつくりたいと言いだしました。それを予測し材料をあらかじめ準備していて、一緒につくりだしたのですが、なんと、本のお話にあるように、一つ、二つ、三つとびゅんびゅんごまを回す練習を子どもたちが必死にし始めたのです。これには本当に驚きました。なにげなく読んでいた本にも、現代の子どもたちが挑戦心をかき立てられるような素晴らしさがひそんでいたのだと感激しました。

　毎回のことですが、子どもたちにブックトークをした後に、「この本は貸出しができるのですよ」という紹介をするやいなや、我先にと競争して本を取りに来るようすは、ブックトークを演じた者だけが味わえる至福の時ではないでしょうか。

（笹倉）

第2章　ブックトークを始めるにあたって

蔵元和子

1　ブックトークを始めるための準備

ブックトークは、語り手がしっかりしたシナリオをつくることで、聞き手の精神活動を活発にし、より大きな効果をあげることができます。シナリオのつくり方はいろいろあると思いますが、聞き手の思考の流れが推測できるようなかたちがよいと考えます。もちろん、子どもの思考は十人十色のはずですが、だいたいの予測はできると思います。

（1）テーマを決める

しっかりしたシナリオをつくるには、まず、やりたいと思うテーマを見つけることです。テーマは、基本的にはなんでもいいのですが、やはり自分がやりたいと思えるものを取り上げることです。考える手立てとして次のようなものがあげられます。

・学習していることから（昆虫、星、水、人体、江戸時代、仕事、環境……）
・季節の中から（さくら、雨、夏休み、木の実、雪……）

・タイムリーなものから（行事、オリンピック、サッカー……）
・楽しい思考を広げることばから（ふしぎ、だまし、ながーい、つるつる……）
・考えを深めていきたいものから（友だち、平和、家族、いのち……）

ブックトークのテーマは、幅広く、いわゆる「主題」を設定し、それにそって行なうものから「キーワード」を発展させるものまであります。たとえば「3」とか「ふわふわ」というテーマでかなり深いところまで突っ込んだブックトークもあります。

積極的にやりたいというテーマが見つからなくて悩む時は、自分の気に入った本から入るのがよいでしょう。自分が好きな本、ぜひ紹介したい本を1冊選び、その本から考えられるテーマをすべてあげていきます。例えば、『14ひきのあさごはん』（いわむらかずお作　童心社）を選んだとします。この本から考えられるテーマをあげてみましょう。「きょうだい」「協力」「家族」「ごはん」「あさ」「ね

14ひきのあさごはん

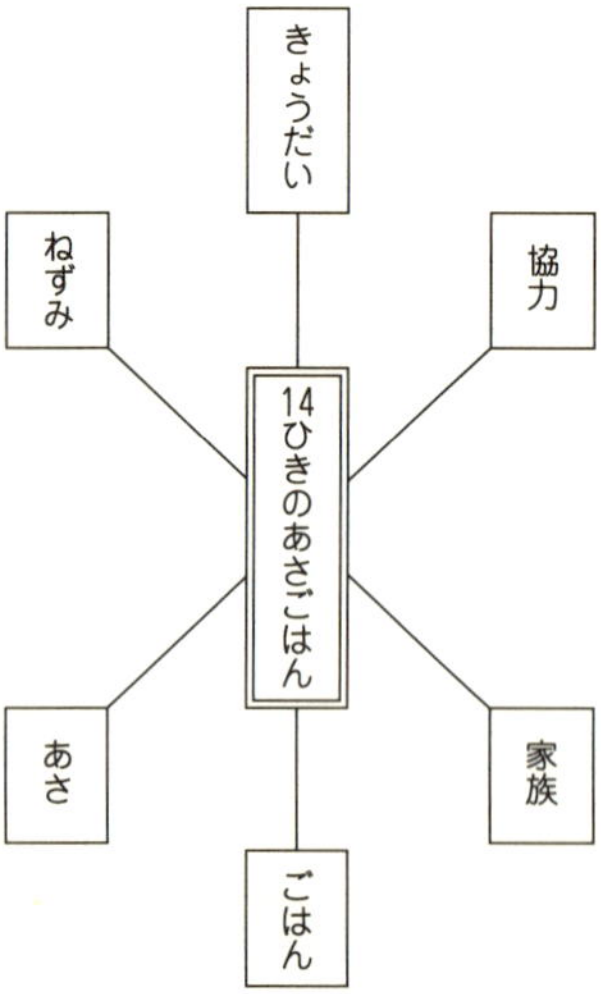

考えられるテーマ

ずみ」などが考えられます。この中からテーマを選べば、好きな本を中心にブックトークをつくることができるので、割合に楽しく進めることができます。初心者の方は、この方法で、３、４冊のブックトークから始めてみることをおすすめします。

（2）本を選ぶ

まず、テーマに合った本にできるだけたくさん目を通します。どうやって本を探したらよいかわからない時は、公共図書館に行って司書に相談してみましょう。児童書に詳しい司書ならすぐ相談にのってくれます。また、件名で探せる本のリストやＣＤ－ＲＯＭの使い方を教えてもらえれば自分で本を探すことができます。目を通した本についてはリストをつくっておくと、そのまま自分の件名図書リスト（テーマで探せる本のリスト）になるので、他のブックトークを作成するときに役立ちます。

次に、ブックトークの展開（シナリオ）を考えながら紹介する本を選定していきますが、ここでは次のようなことに注意して選ぶようにします。

①特に紹介したい本を中心にして考えていく

初めに、特に紹介したい本を２、３冊選び、それらの本を中心にだいたいどんな流れにするかを考えてそれらをつないでいく本を選んでいきます。なかなかまとまらない時は、テーマが大きすぎて流れがつくれないことが多いようです。そのような時には、サブテーマを考えるとはっきりしてきます。たとえば、「犬」というテーマで本を探すと、犬の生態、盲導犬、犬が主人公の物語、野犬の話などなど、実にたくさんの本が出てきます。そこでシナリオの流れがなかなか決めにくく本も選びにくいわけです。そこでたとえば「人間と共に働く犬」というようなサブテーマを考えると、流れが見えてきて本も選びやすくなります。

②本から本に移るときのことば（つなぎのことば）を考える

つなぎのことばは、子どもの思考の流れをスムーズに動かし、ブックトークを成功させる大切な要素です。これを工夫しながらさらに本の選定を考えます。ブックトークの展開は、ダイナミックにおもしろくなるように工夫したいものです。子どもの頭の柔軟性に挑戦するつもりでやりましょう。

③さまざまな子どものニーズにこたえるようにする

子どもたちの読書能力はそれぞれ違い、興味関心の対象も異なります。それぞれの子どものニーズにこたえられるように、簡単に読める本や少しむずかしい本、ファンタジーやノンフィクションなど、できるだけさまざまなジャンルの本を入れるようにします。

④適当な冊数を選ぶ

紹介する本の冊数は、テーマ、対象学年、聞き手の読書活動経験の量や質、時間などによって違いますが、目安は30分以内のブックトークで6～8冊程度です。

（3）導入とまとめを考える

聞き手をできる限り早くブックトークに集中させるために、効果的な導入方法を工夫します。人形などの小物や写真を用意したり、クイズや手遊び、歌などで興味を引きつけたり、枕となる話を工夫したりして子どもたちの心を集中させます。もちろん、子どもたちをぐっと引きつける本を最初にもってくるのもよい方法です。

まとめ方としては、「読んでみたい本はありますか」というような語り手の評価活動を兼ねた発問が多く見られますが、ブックトークの後に自由に読む時間を設定した場合は、この発問は必要ありません。むしろブックトークのまとめでは、これからの読書活動を引き出すような工夫ができたらよいと考えます。たとえば、「○○のテーマの本は、他にもたくさんあると思います。みなさんもおもしろい本を見つけたら紹介してください」などです。

(4) 細案を作る

最後に、伝えたいことが生きてくるように細かいところの検討をします。その際、次のような観点で考えるとよいでしょう。

①展開の流れをもう一度確認する

同じような本が続いてはいないか、子どもたちがおもしろがって思考を拡げることができるかを、子どもの気持ちになって考え、紹介する本の順番を確認します。

②本の何を紹介するか

あらすじ、登場人物のキャラクター、本の中で起こった事件、本の初めの部分、自分の感想などから、その本を紹介するのに一番適切な事柄を選びます。

③紹介するページなどを決める

写真や挿絵はどのページを見せるか、どこを読み聞かせるかなどを考えます。特に読み聞かせは、文章の雰囲気を伝えるのに最適ですが、意外に時間のかかるものです。どこをどのように読み聞かせたら効果的か、よく考える必要があります。

④時間配分を考える

一冊の本にかける時間を考えます。中心にしたい本とそれ以外の本との比重や長編と絵本の違い、フィクションとノンフィクションの違いなどを考えて決めていきます。物語の本の中に1、2冊のノンフィクションを入れる場合は、多少時間をかけて丁寧に紹介する必要があります。これはノンフィクションの作品が、物語の中に埋没して印象に残りにくいため、工夫が必要なところです。

また慣れないうちは、話をするとおり紙に書いてみるとよいでしょう。

(5) 練習をする

落ち着いてできるように3回ほど順序どおりに練習をしておきます。子どもの反応を見ながらゆっくり進めるには、一冊一冊の本のことと展開の順序がしっかり頭に入っていることが必要です。また、本の出し方や並べ方なども決めておくとよいでしょう。紹介していない本は子どもの目にふれるところには出さないようにし、紹介している本に注意が向けられるようにします。

2 ブックトーク実施上の留意点

ブックトークを成功させるために、いくつか気をつけたいことがあります。

(1) 低学年のブックトーク

小学一年生は、まだ多くの子どもが、自分で読むよりも誰かに読み聞かせてもらって、話の内容が頭に入っている本を、絵で楽しんだり活字を追ったりする状態です。このような1年生に、話の一部分だけを紹介する通常のやり方でブックトークを行なうと、子どもたちの中に「おしまいまで聞きたい」というフラストレーションがたまってしまうので、1年生にブックトークをする時は、できるだけお話の全体を伝えるようにします。つまり、全文を読み聞かせるとか、前半（後半）をあらすじで伝え、後半（前半）を読み聞かせるというようにします。冊数も少なめがよいでしょう。

2年生でも、できるだけ本の全体が分かるように紹介し、最後の部分だけを「読んでのお楽しみ」にするのが無難でしょう。

(2) フィクションとノンフィクションの取り扱い方

小学校の2年生くらいまでは、フィクションもノンフィクションも同じように楽しんでくれますから、紹介する順序がごちゃごちゃでもあまり問題はありません。ところが、3年生くらいになると、「なんで動物が話をするの」などと言うようになり「本当のことか嘘のことか」を気にするようになります。さらに学年が進むと、現実のことと空想のことを区別して鑑賞するようになります。そのため、フィクションとノンフィクションをごちゃ混ぜにして紹介すると、聞き手の思考がスムーズに流れないことがあります。

ブックトークの展開を考えるときは、前半にノンフィクション、後半にフィクション（またはその逆）、あるいは、初めと終わりにノンフィクション（またはその逆）というように、ある程度ジャンルをまとめたほうがよいようです。ごちゃ混ぜにした場合は、どちらかが印象に残らず、手に取ってもらえないことが多いのです。さらに、フィクションからノンフィクションに移る時や、その逆の時のことばには特に配慮が必要です。

（3）知識の本の紹介の仕方

物語というのは子どもの心に残りやすいのですが、知識の本は、工夫して印象づけないと残らないことが多いものです。おそらくドラマ性がないからでしょう。

そこで、知識の本を紹介する時は、できる限り実物を持ち込むようにします。たとえば、どんぐりの本を紹介する時は、一つでもいいからどんぐりの実物を見せて、本の中のどんぐりと比べてみるということです。

実験をするような本なら、一か所か二か所を実際にやってみせることです。手作りのおもちゃの本も、実際につくったものを見せると、子どもたちの目の輝きが違ってきます。そういう手間をかけることで、ブックトークの効果がぐんと大きくなるのです。

（4）聞き手が見やすい工夫をする

ブックトークは、ある程度長い時間を要しますし、本が見えないとどうしようもないものです。聞き手にとって、長時間見えにくいものをがんばって見るのはたいへんなことで、ついつい意識が別のほうに行ってしまいます。語り手は、聞き手が楽に聞くことができるようにすることが大切です。

一つは、できるだけ本の近くに集まってもらうことです。次に、あまり横に広がらないようにします。絵の細かい本や小さな本を紹介する時は、必要な場面を拡大しておいたり、拡大投影機（OHC）を用いたりして見せる工夫をします。

また、語り手は、聞き手よりも少し高い位置に本がくるようにして後ろの子どもにも見えるようにします。一度、聞き手の位置に座って位置関係をつかんでおくとよいでしょう。

(5) 子どもたちが本を手にする時間を設定する

子どもは、好奇心が強く感激屋で一生懸命聞いてくれるものですが、飽きやすく、すぐ次の刺激に移っていってしまいます。ブックトークを聞いて、「おもしろそうだな、読んでみたいな」と思っても、その場で本を手に取れなくて、図書館まで行って借りなければならないとなるとやめてしまうことが多いものです。読みたい気持ちを長続きさせるためには、ブックトークの後、5分か10分、その場で本を手に取って見られるようにします。冊数が足りない場合は、何人かで1冊の本を見るように指導するか、「今日は紹介できなかったけれど、同じテーマの本でおもしろい本がまだたくさんありますので、これも見てください」と、テーマに合う本を人数分用意しておくのもいいでしょう。子どもは、ブックトークがおもしろく、テーマに対するイメージがふくらんでいると、他の本にも手をのばしてくれます。

何よりも大切なことは、子どもの目線を忘れないことです。

第3章　学校におけるブックトークの実践

曲里由喜子

1　子どもと本と学びをつなぐ

私は兵庫県・西宮市立広田小学校の司書教諭として、各学年の授業に関わっています。週1時間の「図書館の時間」の学習計画を立案し、「学校図書館を利用する授業」をどう構築していけばいいのかを模索しながら実践していますが、実践の中で「子どもと本と学びをつなぐ」ということがいかに大切であるかを実感するようになりました。この「つなぐ」ということが「学校図書館を利用する授業」のキーワードであると考えています。

キーワードのポイントの一つ目は、学校図書館に「人」がいることです。子どもたちがいつ来てもレファレンス（問い合わせ・相談）ができ、タイムリーに本を手渡す人がいるということです。子どもたちが学校図書館に来て、うろうろしながら時間だけが過ぎていくという光景をよく見てきましたが、図書館に人がいることによって、「どうしたの」「何を調べているの」と子どもたちに声がかけられ、知りたい情報についてのコミュニケーションがとれ、いろいろな本を紹介し、手渡すことができるようになりました。このようなコミュニケーションも、ブックトークの一環といえるでしょう。

二つ目は、担任教諭とつながりをもつことです。たとえば、学校図書館の授業で、「いのち」をテーマにブックトークをした後、教室で担任が「いのち」についての授業の続きをすることで学習がより深まっていくということがあります。週1時間の「図書館の時間」では、内容を深めるところまで授業を行なうのはむずかしいということがありますが、担任と連携して授業をすれば、可能になります。また、学級通信で授業のようすが保護者に伝わり、次の日には、子どもが「お母さんに借りてきてっていわれたんだ」「お母さんと一緒に読むんだ」などと言って学校図書館に来ます。このようなことから、よい本を教員や子どもたちに手渡す方法や機会の大切さをつくづく感じるとともに、学級担任が学校図書館を授業に利用することで、保護者へもよい刺激となっていることを実感します。また、図書館だよりで「いのち」に関連したブックリストを掲載することで、より幅広い読書の機会を提供することにもなります。このような本の手渡し方や紹介の仕方も間接的なブックトークといっていいのではないかと思います。子どもたちによりよい本を手渡せるようにしていきたいものです。

ブックトークは、本来公共図書館からスタートしたものですが、しっかりしたテーマのもとで行なわれるブックトークは、そのストーリーに引き込まれてしまうほど、楽しくて魅力的です。しかし、学校ではそのようなブックトークはできないと思ってしまい、今まで実践できなかった方も多いのではないでしょうか。しかし、少し本を紹介するだけで子どもたちの本に対する関心が深くなることを体験して、私は学校だからこそ教員がもっと気軽にブックトークができるようになればいいと考えるようになりました。

「こんな方法でもいいのだ」「なるほどそうなのだ」と思っていただけると、もっと学校でもブックトークが広がっていくのではないかと思います。以下、そのような実践を紹介していきたいと思います。ブックトークで、子どもたちは確実に本に関心を示すようになるのです。

2 ブックトークを授業の中に

授業の中でのブックトークは、各教科の単元の導入部分で行なわれることが多く、授業の入り口だと思います。ここで、子どもの意欲がかりたてられ、学びは深くなっていくのだと確信しています。

私は、次のような10の手順でブックトークを進めています。

〈ブックトークの手順十項目〉

①テーマの設定
②図書の選定
③中心となる本を決める
④紹介する順番を決める
⑤つなぎことばを考える
⑥シナリオを書く
⑦時間配分を考える
⑧小道具・実物・写真などを用意する

⑨ブックリストを作成する
⑩実演

ブックトークで紹介する本はもちろんですが、ブックリストに掲載する本は、すぐに手渡せるように準備し、学校図書館に所蔵しているという状態が望ましいと思います。子どもたちは、ブックトークの後、紹介した本をすぐに手に取りたいと思う気持ちでいっぱいになります。

司書教諭として関わる授業は、ブックトークが主になる授業が多く、各教科で取り入れるブックトークは、1時間の学習過程では、20分くらいで行ないます。人権や道徳のように重要なテーマを扱う時のブックトークは、1時間の授業でしっかりストーリーを考えて取り組むこともあります。

3　ブックトークを取り入れた授業

(1) 1年生

国語「いろいろなふね」の単元は、初めての説明文の学習です。教科書で「いろいろなふね」について学習した後、「いろいろなのりもの」というテーマで『はたらくじどうしゃ』(福音館書店)や『ひこうき』(バイロン・バートン　さく/え　こじまもる　やく　金の星社)などのブックトークを行ないました。幼児向けの市販の「乗り物カード」は、絵が大きくつなぎに入れると効果的です。

(2) 2年生

①国語「たんぽぽ」の単元は、説明文の学習ですが、学習の後、たんぽぽに関連した川崎洋さんの

詩「たんぽぽ」（『おーいぽぽんた』福音館所収）や、『タンポポのたび』（いしもりのぶお　さく　ならさかともこ　え　文溪堂）の絵本を中心にブックトークを行ないました。

②国語「雨の日のおさんぽ」（詳細は4を参照）

③国語「ビーバーの大工事」の単元は、説明文の学習した後、「どうぶつクイズ」をつくる学習になっているので「いろいろな動物」についてブックトークを行ないました。そこで興味をもった動物について調べ、クイズをつくる学習をしました。そうして、各クラスの「あっ！　おもしろい！　どうぶつのひみつ」クイズ集が完成しました。朝の会のスピーチでこのクイズ集が活用されている姿を見るとうれしいものです。

（3）3年生

①国語「木かげにごろり・世界の民話を読もう」の単元でいろいろな国の民話をテーマにブックトークを行ないました。その後、その中から興味のあった1冊を選んで紹介文をつくり発表会をしました。

②国語「わたしの研究レポート」の単元は、初めて身近な疑問や興味のあることを考えてテーマを決定し、レポートをつくる学習です。そこでテーマを考えるヒントになるような本を集めてブックトークを行ないました。

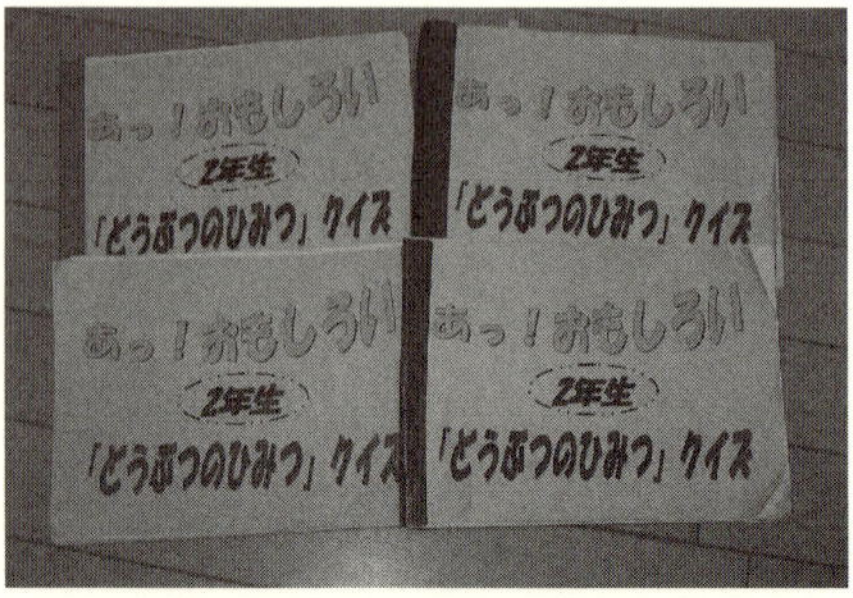

あっ！　おもしろい「どうぶつのひみつ」クイズ

テーマが思いつかない子どもには、かなり効果的だったと思います。はじめて取り組んだレポート学習でしたが、素晴らしい作品が完成し、子どもたちは、全員が「またやりたい」「楽しかった」と感想を話してくれました。

主体的な学習は、子どもにとって生きる学習につながっていることを実感した学習でした。

③社会「くらしのうつりかわり」「むかしのくらしみつけた」の単元では、昔の道具や昔から伝わる行事などをブックトークで幅広く紹介し、さまざまな昔の道具（「はきもの」や「かや」）など実物を展示し、昔にタイムスリップして「くらしのうつりかわり」を「絵年表」として完成させました。

昔のくらしにタイムスリップ

（4）4年生

①国語・総合「二分の一成人式」をするにあたって、意識を高めるために、「図書館の時間」の学習計画で、『舞は10さいです。』（あさのあつこ作　鈴木びんこ絵　新日本出版社）や『十歳のきみへ―九十五歳のわたしから』（日野原重明　冨山房インターナショナル）の本を中心に「命」「生き方」についての本を紹介するブックトークを組み立てました。

②社会「くらしとごみ」の単元では、ごみについての図書資料がたくさんそろっているのでブックトークで紹介しました。わが校の学校図書館はNDCを基準にしているのですが、以前の学習で分類「6」の書架へ行けばよいことがわかっていたので、以前のように子どもがうろうろして資料が探せないという光景は見られなくなりました。

③理科「もっと宇宙を知りたい！」の単元は、1時間かけてじっくり「星座」や「月」「宇宙」についてブックトークをしました。子どもたちは、紹介される本をかなり興味深く聞き入っていました。

(5) 5年生

①国語「大造じいさんとガン」を学習した後、「椋鳩十の本を読もう」というテーマ読書を計画しました。「椋鳩十童話全集十五巻」が複本でそろっているので、数冊から、いくつかの作品を何冊か選んでブックトークをしました。そして子どもは、三〜五作品を選んで、作品の共通点、主人公の生き方、作者の意図などについてメモをしながら読みました。クラスで同じ作者の作品を読むことによって読書の楽しさがより豊かになっていくように思いました。

②国語「マザーテレサ・伝記を読もう」の単元には、いろいろな伝記を読んで「本のカバーを作って紹介しよう」という題材があります。学校図書館には、いろいろな伝記が80冊ほどあるので、子どもたちにあまり知られていない「レイチェル・カーソン」や「杉原千畝」などの人物を中心にしながら、音楽の世界の「ジョン・レノン」、また現在も活躍中のスポーツ選手なども織り交ぜながらブックトークを組み立てました。

③社会「私たちの食生活と食料生産」の単元では、「米のふるさとはどこ？」の学習に欠かすことのできない年鑑・統計の参考図書に『朝日ジュニア百科年鑑』（朝日新聞社）『表とグラフでみる日本のすがた２００６』（矢野恒太郎記念会）も入れながらブックトークをしました。新しいデータや図表などの視覚的な資料は、子どもの興味を刺激し、その後の水産業の学習などでも大いに活用していました。教科書や資料集にない新しい情報が手に取るようにわかるので、これらの資料は5年生の社会科では、特に大切にしたいところです。

(6) 6年生

①国語「宮沢賢治や他の作家の作品を読もう」の単元では、好きな作家がいるという子どももまだ読書が好きだといえない子どももいる中で、その両方の子どもを満足させられるように、登場人物がユニークで冒険と魔法が描かれたストーリーであるとともに、優しさに包まれる安堵感も味あわせてくれる富安陽子さんの作品を選び、「富安陽子の世界」というテーマでブックトークを行ないました。この後、読書への関心が薄い子どもが興味をもって作品を手に取る姿は見られたことはうれしいことでした。

②総合「本を読んで世界を旅しよう！　世界名作童話の旅」のテーマで日本を出発してイギリス、スウェーデン、フィンランド、アラビア半島に飛びアラビアにまつわる不思議な話の数々を紹介し

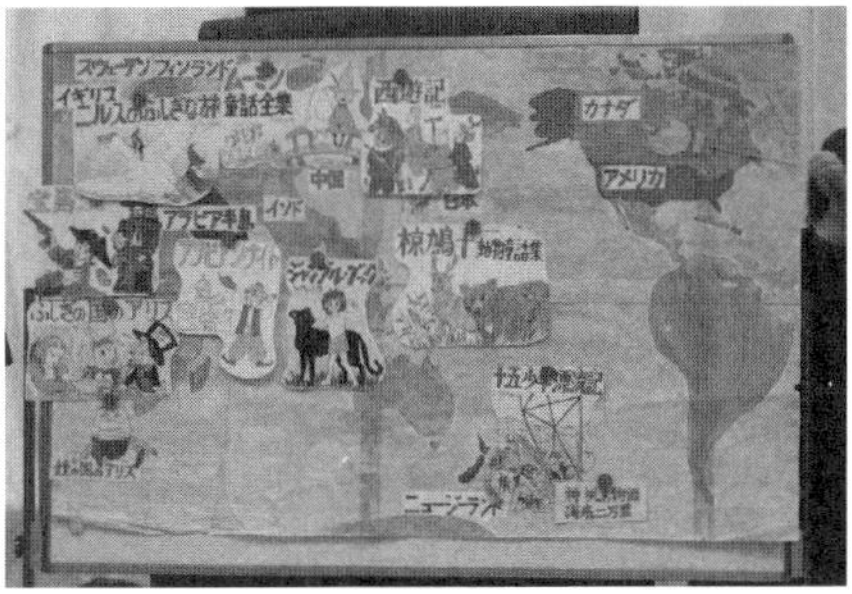

世界名作童話の旅

ていきます。そしてインド、中国、ニュージーランド、カナダと続き、最後はアメリカで『トム・ソーヤの冒険』から冒頭の一節を読みます。児童はそれらの本に釘づけになっていました。最後に紹介した『トム・ソーヤの冒険』は一番印象に残ったようです。ブックトークは、話の内容がだいたい理解でき、消化不良にならない程度に話していくことが重要なポイントだと思います。

(7) 教科外学習で実施したブックトーク

本校では、図書館ボランティアの方の活動に支えられているところが大きいのですが、夏休み前に実施していただくサマーお話会では、学年ごとのブックトークを必ず計画してくださいます。２００６年にあったちょっとおもしろいエピソードを紹介します。

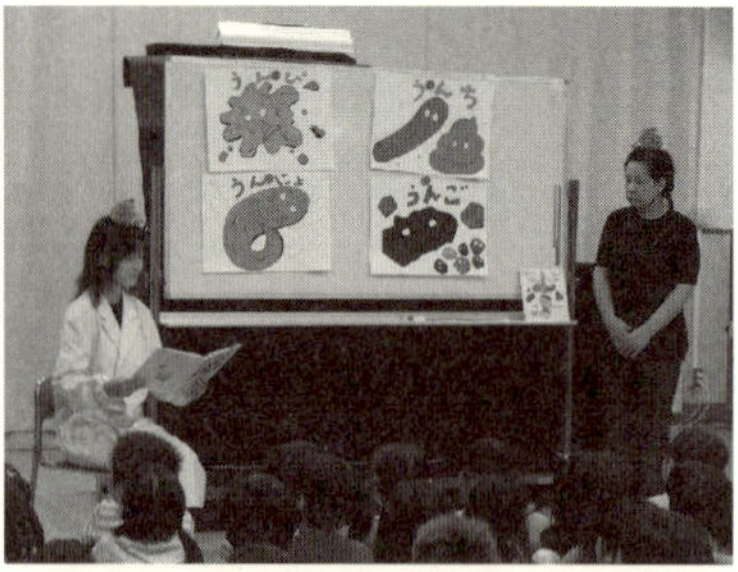

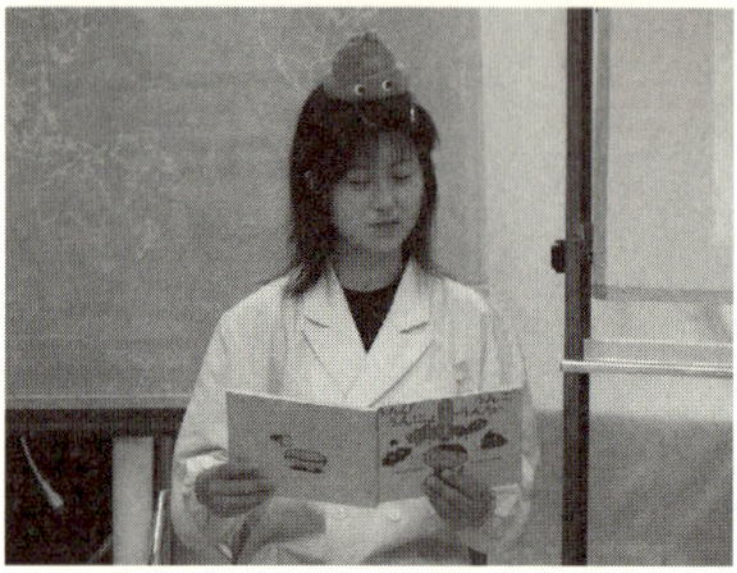

ウンチってすごいぞ！

　当時、低学年校舎のトイレの使い方が悪く、毎朝教頭がトイレをまわって、水を流すことから朝が始まるのだということをボランティアの例会で話題になりました。すると２００６年のサマーお話会のブックトークのテーマが「ウンチってすごいぞ！」に決まったのです。『うんぴ・うんにょ・うんち・うんご　うんこのえほん』（村上

八千世文　せべまさゆき絵　ほるぷ出版）を中心に組み立ててうんちの人形をかぶり演じてくださいました。驚くことに、２学期になってトイレの使い方が見事に改善したのです。このブックトークのテーマが児童の心にしっかり刻まれたことを思うとあらためて絵本のもつパワーを感じました。

4　２年生の国語科授業（ティームティーチング）

①単元　「雨の日のおさんぽ」（東京書籍国語下）

②目標

・場面のようすや人物の気持ちを想像しながら読む

・ようすを表すことばを考えることにより、イメージを広げ、読書の楽しさを味わう

③指導計画（全９時間）第三次、第七時（本時）

④本時の目標

・「いろんなおとのあめ」岸田衿子氏の詩をもとに雨の音を考えることにより、雨のようすのイメージを広げる

・「雨」をテーマにした絵本のブックトークを聞き、雨に関する本に興味をもつ

⑤本時の展開（Ｔ１担任・Ｔ２司書教諭）

・「雨の日のおさんぽ」の話に出てきたようすを表す言葉を思い出させる（パチャパチャ・ゴボッゴボッ・どしゃぶり）

・「かえるのあまがさ」の話をT1・T2のかけ合いで読む
・「いろんなおとのあめ」をワークシートに書き込む（友だちのつくった「いろんな雨の音」を音読する・岸田衿子氏の「いろんなおとのあめ」を音読する）
・「雨」をテーマにした絵本のブックトークをする
・「雨」に関する本を選んで読む
・次時は「雨」の本をいろいろ読んでおすすめの本を友だちに紹介することを知らせる

⑥授業を終えて

「おじさんのかさ」の話は、よく知っていて本を見ないでお話をしてくれました。子どもたちから、「雨の日」はいやだったけれど「あめの日が楽しくなった」という声を聞いたり、リズミカルな音を口ずさんだりしている姿を見ると楽しくできた喜びを感じました。

ブックトークで取り上げた6冊の本は、複本で準備していましたがあっという間になくなりました。子どもたちが読んでみたいという意欲につながったことは大きな成果だといえます。

雨のブックトーク

ブックトークのシナリオ

・**『あめの日のおさんぽ』**（U・シェフラー文　U・ウェンゼル絵　若林ひとみ訳　文化出版局）：国語の授業で「雨の日のおさんぽ」を学習しましたね。この本がもとになっているんですよ。教科書にのっていないさし絵がたくさんのっています。ゴボッゴボッと音を立てて流れるようすがよくわかります。教科書と比べながら読むと楽しいですよ。

・**『おじさんのかさ』**（佐野洋子作・絵　講談社）：今みんなは、「雨の音」をいろいろつくりましたね。「雨が降ったらポンポロロン、雨が降ったらピッチャンチャン、という楽しい歌声が聞こえてくる本「おじさんのかさ」を紹介します。おじさんは、とってもりっぱなかさをもっていて、雨が降っていても傘をささないでぬれながら歩くのです。ある日、公園で雨宿りをしていると子どもたちの楽しい歌声が聞こえてきて、本当かなと思い、はじめて傘をさしてみます。傘に雨が当たり「ポンポロロン」と聞こえてきてすっかりうれしくなります。雨の日の楽しさが伝わってきます。

・**『あめのひのえんそく』**（作絵　間瀬なおかた　ひさかたチャイルド）

・**『あしたのてんきは、はれ？くもり？あめ？』**（野坂勇作さく　根本順吉監修　福音館書店）

・**『かさもっておむかえ』**（征屋清さく　長新太え　福音館書店）

・**『雨、あめ』**（ピーター・スピアー　評論社）：お話がまったくない絵本ですが素敵な絵で雨の日の美しさを表現していますから絵を楽しんでください。広田小学校には、「雨」の本が六十九冊もあります。読んでみたい本がありましたか。

ブックトークちょっといい話②

「えっ、うそーっ！」感嘆の声が飛び交うブックトーク

2年生を対象に、生活科の授業の流れの中で「わたしの宝もの」というテーマで『たからものくらべ』（杉山亮作　中西恵子絵、福音館書店）という本を中心にブックトークを行ないました。２人のきょうだいが、抜けた歯、鍋のつまみなどで宝もの比べをするというお話なのですが、大人から見ればガラクタであっても、子どもの頃はかけがえのない大切なものであったことを思い出させてくれるとともに、この本を通してこのような思い入れのあるものが、かがやいてくる素晴らしさが伝わってきます。子どもたちに「あなたの宝もの」を書いてもらった時には、ほとんどの子どもたちが、ゲーム、ペット、お金、命…と書いていた中、A君は、「国語、算数、生活科の教科書です」と書いていたのです。私が「A君の宝ものは、国語、算数、生活科の教科書だって」というと「えっ、うそーっ！」と大きな声が飛び交いました。実はA君は2学期に韓国から本校に転校してきて、まだ日本語が少ししか話せません。言語保持の先生がついて一生懸命日本語の勉強をしていたのです。異なる国からやってきたA君の「教科書が宝もの」という発言は、クラスの子どもたちに驚きだけでなく、とても大切なことを気づかせてくれました。

また、４年生の社会科の授業で「ゴミ問題」をテーマにこれから学習していく課題について15冊の本を紹介するブックトークを行ないました。最初に、インパクトを与えるため、前の日の全校の給食のパンの残量を黒い袋に入れて見せ、「ここにあるものはなんだと思いますか？」と切り出しました。なかなか答えが出ません。しばらくいろいろな話し合いの後「実は……」と切り出し、「昨日、全校で残したパンです」と言うと「えっ、うそーっ！」という大きな声が飛び交いました。子どもたちはそれほどの残量が出るとは思いもよらなかったようです。それからテーマにせまっていったのですが、冒頭に、自分の問題として引き寄せられる身近なものを準備したことで、いい流れになったように思いました。

（曲里）

第4章 ことばを深める「ブックトーク」の魅力

山花郁子

1 季節の散歩道にいつでも咲いている本の花

梅雨の晴れ間、日差しがまぶしい6月の日曜日。小淵沢から都心に向かう中央自動車道を走行中、ふとケーブルのある「道の駅」に目がとまりました。「頂上・花の森公園」の標示を見て、さっそく小高い丘をめざすことに。ところがケーブルを降りたとたん、さくらんぼを盛った籠を抱えて待ちかまえていたお姉さんにつかまってしまいました。

「お客さん。宝石でいえばルビー、ブランドでいうならルイ・ヴィトンという上等のさくらんぼです。まず召し上がってみてください。極上のお味ですから」

なるほどルイ・ヴィトンにたとえて手渡された大粒のさくらんぼは、つややかに輝き、いかにも上等な表情です。ただしお姉さんにとっては憧れのルイ・ヴィトンでも、ブランド品に関心のない私の頭にはまったく別のものが浮かんでいました。表紙にさくらんぼを配した絵本『くだもの』（平山和子さく　福音館書店）です。どのページも写実的に描かれた果物がいかにもおいしそう。子どもたちはまず表紙に描かれたさくらんぼに手をのばし、パクリと食べる真似をして喜ぶのです。同じさくらんぼを目にしてもお互いのイメージはそれぞれと、なんだかおかしくなりました。

さて、花の森公園の花々に目を移すと、真っ先に満開のバラの花たちのお出迎えです。するともう私の頭にはバラを描いたさまざまな本の表情が浮かんできます。『小公子』『小公女』と同じ作者と憧れた『秘密の花園』（F・H・バーネット作　猪熊葉子訳　堀内誠一画　福音館書店）が。そして『星の王子さま』（サン＝テグジュペリ作　内藤濯訳　岩波書店）も。あの優しい世界に包まれた紅一点の傲漫な赤いバラの存在は強烈だったと思い出されます。次に目を移せばピンクと薄紫のハーモニーがなんとも美しいルピナスの花園。今度はすぐに親近感いっぱいの『ルピナスさん―小さなおばあさんのお話―』（バーバラ・クーニー　さく　かけがわやすこ　やく　ほるぷ出版）の画面が動き出します。これは、図書館で働き、世界を旅して最後に海辺で暮らし「世の中を美しくする」というおじいさんとの約束を果たした女性の物語です。そう、図書館といえば、元図書館員の私にとっては『バスラの図書館員―イラクで本当にあった話―』（絵と文／ジャネット・ウィンター　訳／長田弘　晶文社）も忘れてはいけません。大切な蔵書を戦火から守り抜いた図書館員の実話です。人生の道しるべになるたくさんの本の命を守り育ててこそ美しい花が咲いてくれる…と私の思いは広がります。

いつでも季節の散歩道に咲いている本の花。ブックトークは、そのときどきの花の表情をはなしことばでラッピングするうれしい作業です。お気に入りの花束を手渡すときの心おどるひととき！

本と人との出会いを広げるブックトークは、ほんとうに素敵で魅力的な読書活動なのです。

2　「ブックトーク」の土台になるテーマの設定――私の実践を通して――

私のブックトークの手法は、図書館員時代のカウンター業務から生まれたといってよいでしょう。「魔女の本ある？」「なぞなぞの本ある？」「詩の本さがしてるんだけど」。

これらの質問に対し、子どもの年齢に合わせて、すぐに要求に応じられるのが司書の役目です。すばやく、同じジャンルの作品群を選んで紹介したものです。また、保護者からもよく質問を受けました。「音楽家の伝記でおすすめの作品ありますか？」「赤ちゃん絵本のおすすめは？」等々。

読書への興味・関心を募らせてもらうための資料選びはブックトークの基本です。当時からごく自然にその本のあらすじを説明したり、どんなところがおもしろいか、共通のジャンルの本をまとめて紹介したり、いわば広義のブックトークを行なっていたといえます。

また、学年別の読書会も担当していましたが、主として季節や行事に合わせた図書資料を中心に、必ず新刊紹介を行なうというかたちをとって会をすすめていました。

現在ではすっかりブックトークということばが定着しました。その目的やＴ・Ｐ・Ｏについての実践例も数多く報告され、研究交流の機会も増えています。しかしなんといってもブックトークで一番肝要なのは、土台を支えるテーマの設定です。ことに学校におけるブックトークでは、教科と関連してテーマを選ぶことにより、教育的効果を高める役割も担っています。また最近では読書活動の活性化により、保護者のボランティアによる「朝の読み聞かせ」も定着してきました。この時に短時間でもブックトークの手法を生かした活動を行なうことができれば、子どもの読書効果も上がります。たとえば低学年を対象に「運」ということばをキーワードにして、『よかったね、ネッドくん』（シャーリップ　さく　やぎたよしこ　やく　偕成社）、『わたしゃほんとにうんがいい』（イギリス民話　せなけいこ　文・絵　鈴木出版）をつなげてみるのもよいでしょう。中・高学年には「夢」をキーワードにした作品で語りを拡げることもできます。たとえば『たからもの』（ユリ・シュルヴィッツ＝作　安藤紀子＝訳　偕成社）と『子どもに語る　日本の昔話①』（稲田和子・筒井悦子　こぐま社）に収録されている「みそ買い橋」を取り上げ、世界共通の昔話のふしぎさにふれてみるというように、いろいろな方法が考えられます。

3　東京・武蔵野市における「3年生読書動機づけ指導」におけるブックトーク

１９６７年から40年間継続している武蔵野市における「読書動機づけ指導」は、学校図書館と公共図書館の連携を深め、子どもたちの読書への興味・関心を育てる事業として、全国的に高く評価されています。例年私も5月の連休明けから担当する学校の3年生の教室を訪れ、ジャンル別に選んだ30冊の本を60分かけて紹介します。本来ブックトークの時間は、45分で5、6冊が標準ですから、一度に30冊の本の内容をまんべんなく紹介することは不可能です。それでもあらかじめ絵本・物語・ノンフィクション・詩・科学読み物に分類し、それらを関連づけながら興味を引かせることは、工夫次第でなかなか楽しいものです。必ず1冊は絵本の読み聞かせと詩の朗読を試みて、ブックトークの際は、全体の紹介にアクセントをつけるのですが、やはり声に出して取り上げる本への興味は集中するようです。本来ブックトークは、対象者や、テーマの設定、紹介する本のジャンル、時間帯によってさまざまな条件が生まれるものですが、どんな場合でも演じ手の個性が際立つものです。どの本も均等に時間配分するというよりは、主体的に関わりを深めて全体の構成を図ったほうがより効果的かと思われます。ただし演じ手の個性をむき出しにして、自分の好みを押しつけるようなことがあってはなりません。私はいつも数冊の絵本をかざして見せてから、希望を聞いて決まった一冊は、ゆっくり読んであげることにしています。

4　ブックトークから生まれた感動体験――積極的な関わりのなかで――

現在、学校教育・社会教育等においてそれぞれブックトークが展開されています。

私も幼児施設、小・中学校、公民館、高齢者施設等の依頼による読書活動を続けていますが、最近では、積極的にテーマを決めてこちらから「ブックトーク」に行くことが多くなりました。70代のブックトーカーには70年間生きてきた語りがあります。このように、より積極的にブックトークに関わるようになったきっかけは、私の古巣である調布図書館の現役の図書館員との会話からでした。

「ここのところ児童文学関係の方々が次つぎに亡くなってしまってさみしいですね。坂田寛夫、川崎洋、長新太、寺村輝夫、渡辺茂男、灰谷健次郎、そして木下順二先生も…」

はっとしました。もう二度とお目にかかることはできないのだと。ことに木下順二先生からは読書活動の基本を学ばせていただきました。１９７１年3月、新米の図書館員時代に私は本郷の先生のお宅をお訪ねして、「民話」をテーマにご講演をお願いしたことがあります。なんとその時、「夕鶴」の山本安英さんもご一緒してくださったのです。それがご縁で両先生主催の「ことばの研究会」の会員にしていただきました。会が始まる前にいつも「いらっしゃいませ」と迎えてくださる安英先生のやわらかなことばの響きの美しさ。ある時の会では『星の王子さま』の訳者である内藤濯先生から「私はもうすぐいなくなる人間です。どうぞみなさん日本語の美しさを大事にしてください」と、いのちこもるメッセージをいただきました。もう二度と直接聞くことのできない、大切な方々のことばをしっかり語り継いでいかねばなりません。

最近、世の中のできごとに身がすくむことがたびたびです。児童虐待、家族間の殺人、そしてしのびよる戦争の影。日常どうしてこのような恐ろしいことが起こるのか！　ふと「ほんとうに怖いものは？」という問いかけをもとにブックトークをすることを思い立ちました。たまたま上野国立科学博物館と生き物文化誌学会とが共催して取り組んだ「化け物文化誌展」に参加したことも一つのきっかけになりました。近代科学の先駆者・寺田寅彦のことばは、さらに私の背中を後押ししてくれました。

——科学の目的は実に化け物を探し出す事なのである。この世界がいかに多くの化け物に満たされているかを教える事である——そう、いま世に充満するおばけの正体をたしかめなければ…。

ある日、小学校の先生たちとお化け談義をするうちに「うちの子どもたちに、おばけのお話してくれませんか？」という申し出がありました。〝うちの子どもたち〟ということばがうれしくて、私はさっそくその先生の小学校を訪問したのです。以下、東京日野市三沢台小学校における実践を紹介します。

ブックトーク：「おばけのおはなし」
2年生　1組37名　2組37名
・**『足のないおばけ：町人の力』**（川崎大治　他編　童心社「発生時代順日本むかしむかし8」より）
・**『おでんさむらい　こぶまきのまき』**（文・内田麟太郎　絵・西村繁男　くもん出版）
・**『落語絵本　ばけものつかい』**（川端誠　クレヨンハウス）
・**『おばけむら』**（文・南部和也　絵・田島征三　教育画劇）
・**『ALDO　アルド・わたしだけのひみつのともだち』**（ジョン・バーニンガム　さく　たにかわしゅんたろう　やく　ほるぷ出版）
・**『おじいちゃんがおばけになったわけ』**（キム・フォップス・オーカソン文／エヴァ・エリクソン絵　菱木晃子訳　あすなろ書房）

2年生にはいろいろなおばけの話を楽しんでもらうことにしました。『ALDO』はちょっと異質かもしれませんが、見えない存在について語りたかったのです。まずは『足のないおばけ』から下駄の話を選んでストーリーテリング。題名の「かっこからんこからりんこ」の歌のリズムを耳で楽しみ、集中してよく聞いてくれました。続いて「さあ、こんどは傘おばけの登場！」と興味をかきたて、江戸が舞台の人情劇『おでんさむらい』を熱演。大見得切ってみせるセリフに笑いが起こり、教室が沸きました。落語シリーズでおなじみの『ばけものつかい』は、読んでいた子が先回りして次々登場するおばけの案内役。ひなびた村がたちまちおばけで満たされる様を描く『おばけむら』も、風刺を込める独特の画面に興味集中。孤独な主人公によりそう『ALDO』は、子どもたちの真剣な眼差しが印象的でした。読み終えてから手作りの私のアルド人形を紹介すると、一気に緊張が溶けたようすで「そっくりだ！」とうれしそうな声が上がりました。作品への親近感が広がったようです。

主人公エリックと、急死しておばけになったおじいちゃんとの忘れもの探しが始まる『おじいちゃんがおばけになったわけ』は、ゆっくり読み語りました。忘れ物はなに？――「わたしは、おまえに、さよならいうのを、わすれていたんだ。いちばんだいじな、まごのエリックにね」――なんと心にしみるあたたかいおじいちゃんのことばでしょう。

ブックトークを行なった2年生から届いた文集にもこの絵本についての感想が多く、特に「何度読んでもいい本です」と記してくれた子もいました。いつ知らず文学の世界に誘い込まれた子どもの素直なことば。「ああ、おもしろかった」と体中で楽しさを表現してくれた2年生のかわいい表情。い

『ALDO』

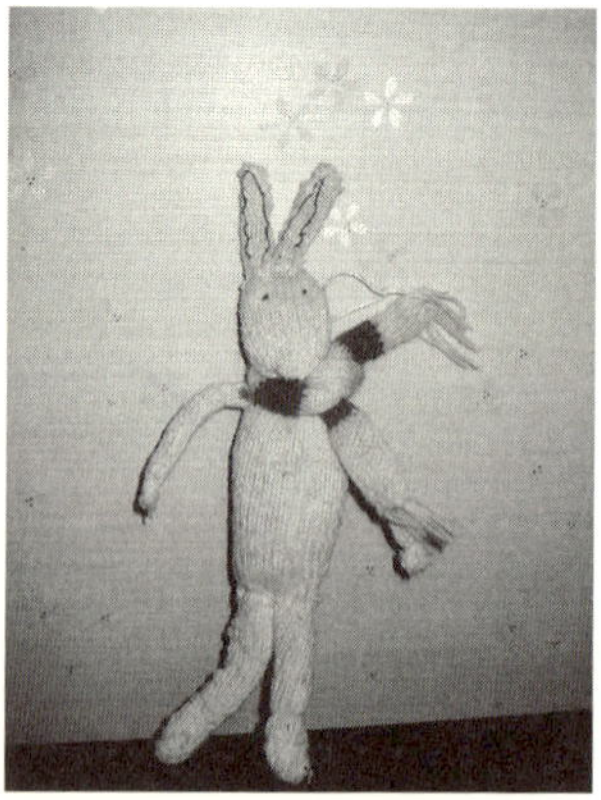
私のアルド人形

ろんなおばけたちとつきあいながら、見えない存在もちゃんとつかまえてくれたようです。

ブックトーク：「ほんとうに怖いものは？」
4年生　53名　5年生　49名（各学年合同）
・**『語ってあげてよ！子どもたちに　お話の語り方ガイドブック』**（マーガレット・リード・マクドナルド著　佐藤涼子訳　編書房）
・**『鬼のうで』**（赤羽末吉　偕成社）
・**『ゆうれいフェルピンの話』**（リンドグレーン文　ヴィークランド絵　石井登志子訳　岩波書店）
・**『ぼくはへいたろう』**（小沢正文　宇野亜喜良絵　ビリケン出版「稲生物怪録」より）
・**『ひとりでいらっしゃい―七つの怪談―』**（斉藤洋　作　奥江幸子　絵　偕成社）
・**『ぼくの見た戦争　2003年イラク』**（高橋邦典［写真・文］　ポプラ社）

4・5年生の導入は怖さを声に潜ませて語る「くらーいくらーい家」の話を取り上げることにしました。（『語ってあげてよ！子どもたちに』収録）「くらーいくらーい」と、それこそ暗い声で繰り返し、最後に大声を上げて驚かすのですが、瞬間的に恐怖で釘づけにする効果があります。鬼の手が現れるびっくり話ですから、『鬼のうで』の導入にはもってこいです。

さて見事な画面構成で展開する古典ドラマは、力のある作品が多く、複数クラスが合同した時の大人数でも充分集中できるものです。『鬼のうで』は、「やんれ　やれやれ、都は、また　しずかになってござる……」と幕が下りるまで、子どもたちは作者の表現世界に引き込まれ、ことばの世界も深まります。ここで少年が主人公の武勇伝『ぼくはへいたろう』を紹介し、ちょっとくつろいでもらった後で舞台を外国に移します。『ゆうれいフェルピンの話』では、興味を引きそうな場面をひろって読み語り、後は一人読みのお楽しみにしました。『ひとりでいらっしゃい』も、主人公の少年が大学の研究室に迷い込んだいきさつだけを語り、後は題名通り「どうぞお一人でお付き合いください」とかわしました。このように、早く手に取って読んでみたい！　という気持ちをうながすこともブックトークの手法の一つです。この後は、いくつかの問いかけを試みながら、私の悲しい体験を話すことにしました。本に登場するおばけや妖怪や幽霊の存在は話として楽しめますが、本当に怖いものは人間の心の中にあるのではないでしょうか。学校で起こるいじめや自殺の原因はどこにあるのか。その正体をしっかり見極めなければならないことなど、私の体験もふくめて語りました。実は私が最近一番衝撃を受けたことは、仲良しの友人の突然の自殺でした。私はこの事実に直面した時、正直いって、はじめは悲しいというより、怒りの感情のほうが強くわき上がりました。ことに柩の中の厳しい表情と向かい合ったとき、「自殺は絶対にダメ！」と叫び出したくなりました。リストにはなかった『おじいちゃんがおばけになったわけ』も持参して、私の友人の自殺のこと、取り残された者の複雑な感情についても正直に語りました。

　その後で、今しっかり語り伝えておかねばならない「戦争」について話しました。過去の体験だけでなく、世界で起きている戦争の実態にしっかりと目を凝らして語り合わねばなりません。アメリカ軍海兵隊に従軍し、イラク戦争をカメラでとらえて訴える『ぼくの見た戦争』は戦場に横たわる死体や、爆撃で両足を失った子どもの姿のありのままをレンズにおさめて問題を投げかけています。戦争は人間が起こすもの、正義の戦争などありえないというメッセージがしっかり伝わる報道写真です。

4年生も5年生も静かに真剣に向かい合ってくれました。終了後帰り支度をする私に駆け寄ってきて、先生に読んでもらったという戦争の本の話をする子がいました。みんなで共有した読書体験を日常豊かに広げてくれるクラスの先生方がついていることに、ふと心が熱くなり私の胸があたたかさで満たされていくのを感じました。

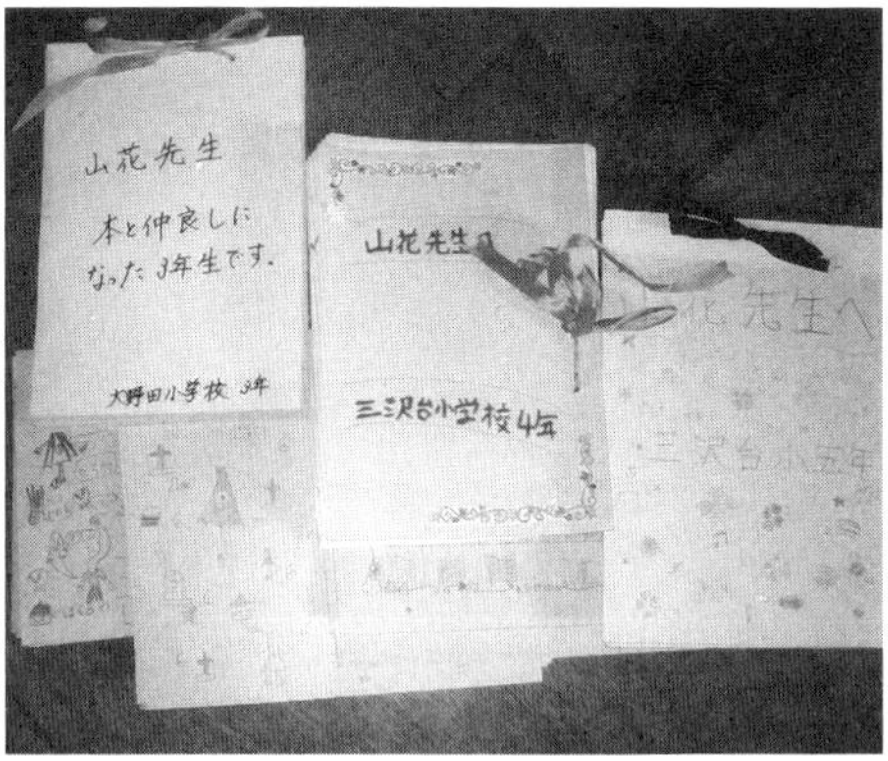

子どもたちから届いた文集

5　日々のいのちをみつめるブックトーク

子どもたちから届いた文集には、「戦争と自殺は絶対にだめ！」という強い口調の文字がめだちました。また「本は人の気持ちを揺さぶります」と書いてくれた子どももいました。

中には寝不足でおなかが痛かったことだけにふれ「絶対に内緒だから人にいわないで」と、目下抱えている悩みごとを打ち明ける5年生の生徒もいました。担任の先生と一緒に考えなければならない宿題をもらった私ですが、なんだかほっとした気分にも包まれたのです。たった一回の出会いであっても、自分の心をのぞかせる子どもがいることに。

――ことばを見つける　追いかける　深めるよろこび――

これからも人生の物語を豊かに紡いでくれるブックトークを、楽しんで続けていきたいと願っています。

ブックトークちょっといい話③

読書の扉をたたくブックトーク

ギャングエイジの3年生対象に、60分で30冊の本を紹介するのはなかなか至難の業です。それでも事前の準備を万端にすれば、ジャンル別にブックトークする楽しみも生まれ、ときにはアンコールの掛け声もかかったりして、大いにやる気を盛り上げてくれます。また紹介する本の内容に関連して飛び交うことばのキャッチボールから、思わぬうれしいプレゼントが心に届くということもあるのです。「みんなの宝ものってなーに？」と問いかけると、水晶玉・サッカーボール・ペットの犬や猫などすぐに思いつくまま答えてくれながら、最後にとっておきの大切な「家族」「命」ということばを真っ直ぐな目をむけてプレゼントしてくれたり。こんなとき家族や担任の先生との日常のかかわりがあってこそと温かい気持ちに包まれます。あるとき真っ先に「お母さん！」と声をあげた男の子の表情も忘れられません。あとでお母さんと二人暮らしと聞いて胸が熱くなりました。

さて、ジャンル別のブックトークはいつも楽しい詩の朗読で最後を締めくくっているのですが、爆笑がおさまらずなかなか幕を下ろせなくなったということもありました。

三島慶子詩集『空とぶことば』（理論者）は、1から6までタイトル別に分類した楽しい編集ですが、私のお気に入りは　5「うたわにゃソン・ソング」。ベートーベン・モーツァルト・ショパン等、有名な音楽家たちの曲に合わせてことばを歌う趣向が実に愉快なのです。一番盛り上がったのがベートーベンの「運命」ダダダダーンで始まる「べんとうぱん」の詩でした。　ーおなかが　へったよーの一行を、厳かにダダダダーンと声を響かせるや　♪おなかが　へったよ♪と、大合唱になりました。

「このとびらをたたく音は、運命が人のこころにおしよせてくる音なのだ」というベートーベンのことばから交響曲5番は「運命」と名付けられたとか。そこで私も早速ノートに記しておきました。

――ブックトークは読書の扉をたたく――と。

（山花）

第5章　科学読み物のブックトーク

北畑博子

1　科学読み物をぜひ

一つのテーマのもとに物語、絵本、科学読み物、詩、写真集など様々な分野の本を入れ込んで紹介できることが、ブックトークの大きな魅力になっているわけですが、とりわけふだん手に取られにくく、読み聞かせにも向いていない科学の本は、ブックトークで出会って初めて「こんなおもしろい本だとは思っていませんでした」とか、「科学の本はむずかしそうと思ってこれまであまり見なかったけど、今日紹介されておもしろそうと思いました。今度図書館で科学の本のコーナーにも行ってみようと思います」「世界には私たちの知らないことがいっぱいあるんだなあと思いました」と、多くの子どもたちが出会いを喜び、もともと科学系が好きな子も「動物が大好きなので、今日はぼくの知らない動物のことを知ることができてうれしかった」などと、より世界が広がったと告げてくれます。

ブックトークをしている時も科学読み物のほうが反応がよかったり、大きく盛り上がったりすることがよくあります。

子どもたちの感想からも感じられるように、今、魅力的な科学の本がたくさん出版されています。また、あふれる情報の中から、必要な情報を正確にしっかり入手できる力をつけるためにも、子どもたちには科学的なものの見方、考え方を養うことができる科学読み物にたっぷり親しんでほしいと思います。

しかしブックトークをする人たちの中にもけっこう科学読み物に対する苦手意識があり、積極的に紹介されなかったり、「読書」といえば長編の物語を読むことという思い込みがまだまだ子どものまわりの大人たちの間にあったりして、残念ながらこの魅力的な科学読み物の数々が子どもたちの手元に届いていないのが実情です。

2　科学の本を選ぶ

どの分野の本を紹介する時にも、「選書」はもっとも大切な作業ですが、科学の本の場合はよりむずかしい一面をもっています。それは（その分野の専門家を別にすれば）、本に書かれていることが正しいのか間違っているのかわからない、また、書かれている情報が新しいのか古いのかわからない、というところにあります。「わからなくては自信を持って紹介できない」では紹介すること自体をやめてしまおうかということにもなってしまいます。

たしかにこれについてはいくつもの問題が絡んできますので、具体的な事例をあげながら少しお話したいと思います。

たとえば恐竜の本です。子どもたちに非常に人気が高く、図書館などは常に本が不足している状態なので、少々古い本でも並べています。しかし近年恐竜の化石の発掘はさかんで、新しい発見があるたびにそれまでの通説が覆される状況が頻発しています。そうなると明らかに間違った説の載った本が図書館の棚に並んでいることになり、恐竜が大好きで、友だちにも「恐竜博士」とよばれたりする子に、「図書館には嘘を書いた本がいっぱいある」と言われてしまう事態が起きています。

また、ブロントサウルスは一時期とても人気のあった大型の草食恐竜ですが、今は存在しない恐竜になりました。新しい発見の結果、すでに見つかっていたアパトサウルスをブロントサウルスと名づけていたことがわかったからです。ところが今でもブロントサウルスが出てくる本が出版されるなど、出版サイドにも問題がある場合も見受けられます。

宇宙の分野も恐竜と似たところがあります。最近では冥王星の定義が変わりました。大きなニュースになったので知っている人も多いでしょう。太陽系にふれている本はすべて書き直さなければならないでしょうし、公共図書館のようにある程度人手があるところは順次正しい記述のものに差し替えられていくでしょうが、人のいない学校図書館などは誰が差し替えるのでしょう？　気になるところです。

恐竜や宇宙などの日進月歩の研究分野でなくとも、たとえば校正の見落としで、正確ではない情報が載ったまま出版される場合があります。そして次の版で訂正されても、初版を購入した人や図書館がそれに気づかないまま所蔵していることもあるのです。

このように科学の分野では内容に注意を払わなければならないことは確かで、そうなるとやはり紹介することに二の足を踏む人が出てくるのも当然です。

ただ私たちの世界に絶対といえることはなく、さまざまなことが変化していくわけですから、絶対に正しいことだけを伝えようなどと思うと、いつまで待っても科学の本を紹介することはできません。「今、わかっているのはここまで」とか「この本を書いた人の考えはこうだけど」というふうに紹介すればいいわけです。

そして限られた範囲の中で正確を期するために、必ずしていただきたいのは「読み比べ」です。月の本を紹介したい、あるいはモンシロチョウの本を紹介したいと思えば、図書館で各出版社から出ている本を集め、しっかり目を通してください。そのうえで、月なら月に関係の深い地球や太陽の本も読み込めば、かなりのことを知ることができ、気分的にゆとりをもった紹介ができます。また、モンシロチョウの場合なら、アゲハやその他のチョウの本に目を通すと、チョウについて詳しく知ることができるだけでなく、著者の思いの違いなどにも気づき、興味がわいてくるでしょう。

そうなると今度は、読み比べたりあれこれ調べたりしておもしろかったことなどを、ついあれもこれも子どもたちに話したくなってしまいますが、テーマから逸脱したり、聞き手の子どもたちがうんざりすることのないよう、しっかり伝えたい情報を選び、読みたくなるような紹介を心がけてください。

それでも、自分だけで科学の本を選ぶことに抵抗を感じる人は、分野別に、しかもしっかりした解題つきで科学の本を紹介している本が何冊も出ていますから、まずはそれらの本で予備知識を得てから探すのもよいのではないでしょうか。参考までに少しあげておきます。

・『今、知りたい地球と人間　子どもと読む科学の本』（京都科学読み物研究会編　連合出版）
・『子どもと楽しむ自然と本　科学読み物紹介２３８冊』（京都科学読み物研究会編　連合出版）
・『科学の本っておもしろい　第1～4集』（科学読物研究会編　連合出版）
・『新　科学の本っておもしろい』（科学読物研究会編、連合出版）
・『しらべ学習の科学の本１０００冊　しらべてみようやってみよう』（子どもの科学の本研究会編　連合出版）
・『読んでみない？科学の本　しらべてみようこんなこと』（子どもと科学をつなぐ会編　連合出版）

3　科学読み物だけでブックトークを組み立てる

ふだんはさまざまなジャンルの本で組み立てているブックトークですが、科学の本のみで構成して子どもたちが楽しめるブックトークができるだろうかと考え、最初に生まれたのが「小さい・大きい」というブックトークでした。季節や学年など、その時どきで使う本に変化はありますが、小学校高学年向きの実践を子どもたちの反応などもまじえながら紹介しましょう。

《小さい・大きい》

今日は、小さいのや大きいの、いろいろな生き物が出てくるブックトークです。小さい生き物にもいろいろなものがいますが、チョウも小さい生き物の一種といえるでしょう。そのチョウの仲間

シジミチョウ観察事典

でも特に小さいのがシジミチョウの仲間です。

　この『シジミチョウ観察事典　自然の観察事典24』（構成・文／小田英智　写真／北添伸夫　偕成社）を見てください。世界で一番小さいチョウは、北アメリカに分布するピグミーシジミで、両方の羽を広げても、その端から端までたった12ミリ、1センチちょっとしかないチョウです。そこまで小さくはないけど、日本の住宅地などでもよく見かけるこのヤマトシジミ（ヤマトシジミの写真を示しながら）も指の上に乗せてもこれだけしかないちっちゃなチョウです。チョウの仲間は、それぞれ食べる植物が決まっていて、モンシロチョウなら（子どもたちから「キャベツ」の声）そう、キャベツですね。アオスジアゲハならクスノキの葉っぱです。この決まった植物が草なら食草、木の葉っぱなら食樹といいますが、ヤマトシジミの食草は黄色い花の咲く庭の雑草のカタバミなんです。ヤマトシジミのオスはこのカタバミの茂みでメスがやってくるのを待ち、メスが飛んできたらプロポーズの飛び方をします。

　この本の写真を見てください。なんとシジミチョウのオスがタンポポの綿毛にプロポーズしています。

（この写真に子どもたちの視線は釘づけになります。観察事典のシリーズは写真が大きく鮮明なのが魅力です）

オスのチョウの目から見たら、タンポポの綿毛とメスのチョウとはきっと似ているのでしょうが、人間から見ると、いったいどこが似ているのか、とっても不思議ですね。

さて無事に交尾をすませると、メスのチョウはカタバミの葉に卵を産みつけます。卵からかえった幼虫は餌を探しに行かなくてもいいのです。餌の上で生まれるんですから。便利ですね。

かえったばかりの幼虫はとても小さいので敵に見つかる心配はあまりないのですが、大きくなるとめだってきますね。カタバミは背の低い植物なので地面から近く、なんといっても怖いのはアリです。この写真の幼虫（本の中の写真を示しながら）は4令幼虫ですがアリに襲われているのではありません。蜜を出しているのでアリたちがそれをなめにきているのです。蜜を出す幼虫はアリに襲われることはありません。

アリ以外の敵が来ると、幼虫は白い突起をニュッと出し、そこからアリの警報に似た物質を出すそうです。するとアリたちは自分たちの敵が来たと思って興奮して幼虫のまわりを駆け回るので、敵は逃げてしまうのです。ちっちゃなヤマトシジミの幼虫がそんなふうに危険なアリをうまく利用しているなんてすごいと思いませんか。

このアリもやっぱり小さな生き物ですね。『昆虫のにおいの信号　自然の中の人間シリーズ（昆虫と人間編）⑥』（若村定男著　梅谷献二編　農山漁村文化協会）のクロヤマアリの巣の絵をよく見てください。アリとは全然似てない虫が何匹もいるんだけど、わかりますか？

（すぐ見つけて指さす子もいれば、なかなか見つけられない子も。時間をかけて全員が見つけられるように端から端まで本を見せていきます）

フリズル先生のマジック・スクールバス　水のたび

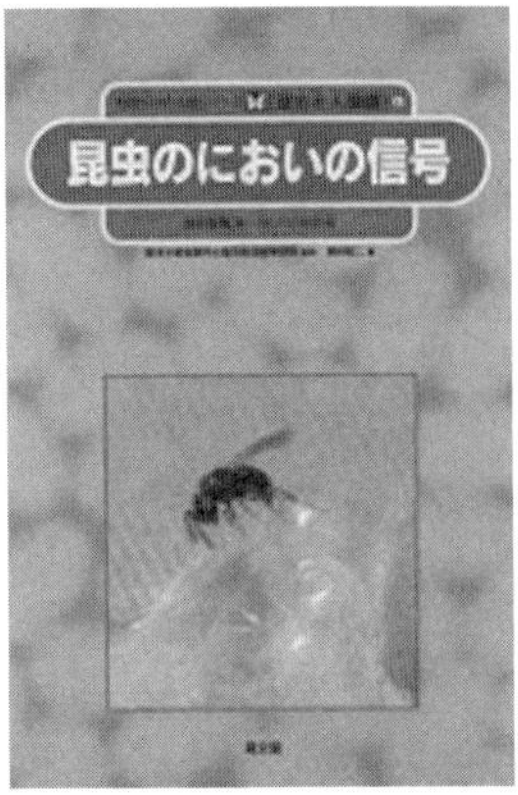

昆虫のにおいの信号

これはアリヅカコオロギといって、勝手にアリの巣に居候して、しかもちゃんと餌ももらっています。アリは仲間と思い込んでいるのです。変ですね。こんなに姿が違うのに気がつかないのでしょうか？　そう、実はアリたちはほとんど目が見えないらしいのです。体の表面の化学物質で同じ巣の仲間かどうかを確認しているんだって。アリヅカコオロギは体の表面をアリと同じような化学物質で覆って仲間になりすましているというわけ。

生き物じゃないけど、雨の粒も小さいですね。何とその雨の粒に入って空から降ってきた子どもたちがいます。『フリズル先生のマジック・スクールバス　水のたび』（ジョアンナ・コール文　ブルース・ディーギン絵　藤田千枝訳　岩波書店）のフリズル学級の子どもたちです。

他のクラスはサーカスや動物園に遠足に行くのに、フリズル学級の遠足は浄水場の見学です。ところがフリズル先生の運転するスクールバスはいつの間にか空に上っていき、みんなはダイビングのかっこうになっていたのです。雲の上で先生はみんなにバスから降りなさいと言い、降りると体がどんどん縮んで雨粒の中に入って、空から降るフリズル学級になったってわけ。

そして川を流れて目的の浄水場へやってきました。さて、ここで3択クイズです。浄水場体験がすんだフリズル学級の子どもたちは、どうやって学校へ戻ったのでしょう?

① スクールバスが浄水場の前で待っていた
② ダイビングのかっこうのまま、とぼとぼと歩いて学校へ戻った
③ 水道管の中を流れて学校まで行った

(どのクラスも③に手をあげる子が多く、②も少しいます)

はい、答えは③、学校のトイレの蛇口から戻ったんです。

(この場面に子どもたちの顔がほころびます)

ぼくはぞうだ

小さいものが続いたので、今度は大きいものを見てみましょう。大きい生き物といえば、

(「ゾウ」、「クジラ」「恐竜」と声があがります)

そうですね。ではまずゾウの本。この『ぼくはぞうだ(かがくのとも傑作集)』(五味太郎さく 福音館書店)では、ぞうがぼやいています。ぞうはテレビに出るのも写真に写されるのも大嫌いなんだそうです。なぜかって?写真やテレビだと小鳥やネコより小さくなってしまうから、ぼくの大きさや立派さがわからないじゃないかとい

シロナガスクジラより大きいものっているの？

うのです。でも本に載るのも片方の目とそのまわりくらい。いくら大きい、立派だと自慢してもダメだよねというゾウの最後のページの後姿、何だかさびしそうですね。

さて、今、地球に生きている動物の中で一番大きいのは、さっきも出ていたクジラですね。その中でも一番大きいのがシロナガスクジラ。『シロナガスクジラより大きいものっているの？　ふしぎだな？知らないことといっぱい』（ロバート・E・ウェルズ　せなあいこ　やく　評論社）には次々に大きいものが登場します。

ものすごーく大きいビンにシロナガスクジラを１００匹入れて、それを大きな板の上に2つずつ乗せて10枚重ねても、エベレスト山の上に乗っけたらこんなに小さい。エベレスト山を１００個積み重ねても地球の上ではヒゲがはえたようなもの！

地球１００個入りの袋を太陽の横におけば、たったこれだけ。では太陽サイズのオレンジ１００個入りの箱より大きなものってあるんでしょうか？

（と、次つぎに出てくる大きなものにどよめく子どもたち。中でも一番人気は、太陽サイズのオレンジです。絵がとても魅力的な本なので、ぐいぐい引き込まれるのです）

小さいものから大きなものまで、私たちの世界には不思議なものやすごいものがまだまだいっぱいありそうですね。これでブックトーク「小さい・大きい」を終わります。

山花郁子（やまはな・いくこ）　　第４章，コラム３

東京都に生まれる。東京都調布市図書館司書，公民館長，教育委員をつとめる。平成15年度子どもの読書活動優秀実践者として文部科学大臣賞を受賞。児童文学者協会，日本児童図書館研究会，日本子どもの本研究会会員。

〈主著〉

『ブックトークのすすめ―教育にロマンを！』国土社

『いのちをみつめるブックトーク』かど創房

『お年よりと絵本でちょっといい時間―老人福祉施設での読みきかせガイド』一声社

執筆者一覧（五十音順，＊は編著者）

北畑博子（きたはた・ひろこ）　第５章

京都市に生まれる。大阪国際児童文学館非常勤専門員を経て，現在，長岡京市教育委員。ブックトーカーとして，全国各地の図書館，小・中学校，幼稚園・保育所などでブックトークや絵本に関する講演・講習会を行なう。また，小学生・中学生にブックトークの授業も行なっている。

〈主著〉

『どこでもブックトーク―行ってみようよ本の世界へ』連合出版

『いつでもブックトーク―構想から実施まで８つのポイント』連合出版

『ミニブックトークをどうぞ』連合出版

蔵元和子（くらもと・かずこ）　第２章

京都府に生まれ，山形県で育つ。東京都小学校教諭として，学校図書館教育の研究に携わる。現在，文教大学講師。図書館を使った“調べる”学習賞コンクール審査委員，調べ学習研究会コーディネーター。読書活動研究家として，ブックトークや児童図書研究を続けている。

〈主著〉

『ブックトークで心のキャッチボール』学事出版

『楽しみながら読書が身につく読み聞かせ』学事出版

『はじめてのブックトーク』（共著）図書館流通センター

笹倉　剛（ささくら・つよし）＊　第１章，コラム１

兵庫県に生まれる。兵庫県中学校教諭，兵庫県立図書館主任調査専門員等を経て，現在，読書と感性教育研究所所長，北はりま「子どもの本の学校」主宰，武庫川女子大学講師。日本図書館協会会員，日本子どもの本研究会会員。

〈主著〉

『子どもが変わり学級が変わる感性を磨く「読みきかせ」』北大路書房

『子どもの未来をひらく自由読書―子どもの豊かな読書環境をめざして』北大路書房

『子どもの心とことばを育む読書活動実践事例集―「図書館の中の学校」づくりをめざして』（共編著）北大路書房

曲里由喜子（まがり・ゆきこ）　第３章，コラム２

和歌山県に生まれる。現在，西宮市立広田小学校司書教諭。西宮市教育委員会教科指導員。元兵庫県学校図書館協議会事務局長。放送大学司書教諭講座「学校経営と学校図書館」の講師（平成12年～15年）。

〈主著〉

『司書教諭の任務と職務』（分担執筆）全国学校図書館協議会

『学校図書館入門―子どもと本と教育をつなぐ』（分担執筆）草土文化

『豊かな人間性を育てる読書活動と図書館の活用』（分担執筆）明治図書

北大路ブックレット【02】

学校 DE ブックトーク
—いつでも，どこでも，だれでもできる—

2007年 7 月20日　初版第 1 刷印刷
2007年 8 月 1 日　初版第 1 刷発行

定価はカバーに表示してあります

編著者　笹倉　　剛
著　者　北畑　博子
　　　　蔵元　和子
　　　　曲里由喜子
　　　　山花　郁子

発行所　㈱北大路書房
〒603-8303　京都市北区紫野十二坊町12-8
電話　(075)　431-0361㈹
FAX　(075)　431-9393
振替　01050-4-2083

印刷・製本／創栄図書印刷㈱
検印省略　落丁・乱丁本はお取り替え致します。
ISBN978-4-7628-2567-5　Printed in Japan